LES

TROIS JOURS,

RACONTÉS EN TROIS HEURES,

OU

ESQUISSE DE LA RÉVOLUTION

DE JUILLET 1830,

PAR M. J.-H. SCHNITZLER,
Directeur de l'*Encyclopédie des Gens du Monde.*

PARIS

TREUTTEL ET WÜRTZ, RUE DE LILLE, 17.

1841

AVIS DES ÉDITEURS.

L'*Encyclopédie des Gens du Monde* publiée par la Librairie Treuttel et Würtz, à Paris, rue de Lille, n° 17, formera environ 20 tomes grand in-8°, divisés chacun en deux vol. de 400 pages. Les 30 premiers volumes sont en vente; il en paraît quatre ou cinq tous les ans. Parmi les 300 collaborateurs, dont les volumes publiés offrent déjà les articles, l'on se borne à citer les suivants: MM. Andral, Artaud, Balbi, Berville, le baron de Berzélius, de Candolle, Capefigue, Champollion, Cuvier, Daunou, Depping, Dumas (Mathieu), Dumont-d'Urville, Dupin aîné, le baron d'Eckstein, Esquirol, de Féletz, Fétis, Ganilh, le baron de Gérando, de Golbéry, Guigniaut, Guillon (l'évêque), Hase, Hennequin, Hittorff, Jules Janin, Jomard, Jouffroy, de Jouy, Klaproth, de Labouderie (l'abbé), Leclerc (Victor), Matter, Michelet, Morawski (Théodore), Naudet, Orfila, Constant Prévost, Ratier, Reicha, Rossi, Royer-Collard, le vicomte de Santarem, Schlosser (à Heidelberg), Schnitzler, de Sismondi, Tommaseo, Vieillard, le comte Henri de Viel-Castel, Villemain, Villenave, le baron Walckenaër, etc., etc.

Cet ouvrage est destiné à mettre la science à la portée d'un plus grand nombre de personnes et à fournir à la vie sociale les renseignements et les matériaux dont elle a besoin. Il se distingue de tous les autres du même genre par l'universalité de son caractère autant que de son contenu. Car non-seulement il embrasse tout ce qu'il est généralement utile de savoir, non-seulement il abrége la science tout entière, il s'élève aussi dans l'appréciation des hommes et des choses au-dessus d'une étroite nationalité; il ne se renferme pas exclusivement dans tel système religieux, politique, philosophique, au préjudice de tous les autres : il fait comprendre que des situations diverses peuvent être bonnes en elles-mêmes, quelque différentes qu'elles soient de celles où nous nous trouvons en France; enfin il s'enrichit des travaux de l'étranger comme de ceux des savants français, et il emprunte à toutes les langues les matériaux de toute nature que réclame l'inépuisable variété de ses articles.

Chacun de ces derniers étant signé du nom de son auteur, ils présentent ainsi une garantie individuelle, en outre de la responsabilité que les éditeurs ont prise sur eux. On pourrait en citer un très grand nombre, dans les volumes déjà publiés, qui méritent encore d'être consultés après les ouvrages spéciaux sur la matière dont ils traitent. Tous se rattachent d'ailleurs au même plan, et des principes uniformes leur servent de base.

C'est avec confiance que les éditeurs de l'*Encyclopédie des Gens du Monde* soumettent leur ouvrage à l'appréciation des juges compétents; ils ne redoutent aucune comparaison, et ils osent croire qu'un examen attentif justifierait à tous égards la faveur avec laquelle le public a accueilli cette vaste entreprise, ainsi que les éloges que lui ont déjà décernés les journaux de tous les pays.

IMPRIMERIE DE E. DUVERGER,
Rue de Verneuil, n.4.

JUILLET (RÉVOLUTION DE). Les journées des 27, 28 et 29 juillet 1830 occupent une grande place dans l'histoire, non-seulement de la France, où elles firent reprendre avec ardeur l'œuvre interrompue de la réformation sociale, mais dans l'histoire européenne. Car le mouvement se communiqua sur-le-champ à l'Europe entière, qui, trouvant un point d'appui pour toutes les idées libérales, n'avait plus rien à craindre désormais des tendances rétrogrades auxquelles la plupart des gouvernements s'étaient montrés enclins. Plus immédiate cependant en ce qui concerne la France, l'influence de ces grandes journées y fut naturellement plus décisive : elles y assurèrent le triomphe du gouvernement parlementaire, ou la vraie pondération des pouvoirs publics que la royauté ne domine plus ; elles placèrent en face du trône, jadis entouré, isolé par la noblesse, la classe moyenne, expression, représentation plus vraie aujourd'hui de la nation ; classe dont les rangs ne sont fermés à personne, où le propriétaire terrier, fier de son blason, peut aussi bien se faire admettre que le prolétaire industrieux et habile, qui n'échappe à l'indigence qu'à force de travail ou de génie.

Depuis longtemps la révolution était arrêtée, sans avoir produit d'établissement légal qu'elle pût avouer comme son fruit, comme la réalisation de ses vues. Presque dès son origine, elle avait dépassé le but ; elle s'était ruinée par ses propres excès ; et la France ne fut soustraite à la terreur que pour tomber dans l'anarchie. Afin de se débarrasser des ambitieux subalternes, et d'écraser l'hydre toujours renaissante de la discorde, la révolution s'était réfugiée sous le sabre d'un grand capitaine à l'oreille duquel le mot de liberté sonnait mal, et qui supprima le nom en même temps que la chose. La France n'en eut pas trop de regrets, aussi longtemps que la gloire militaire exerça sur elle son prestige ; mais quand vinrent les défaites, elle s'indigna de se voir doublement déchue aux yeux de l'Europe, déchue de la victoire et déchue de la liberté. Alors elle-même concourut à briser l'idole qu'elle avait encensée jusque-là.

Un instant la révolution releva la tête ; mais elle était en horreur aux souverains coalisés. Ils comprirent toutefois que la révolution était un fait et qu'il fallait compter avec elle ; elle avait trop remué le pays, elle y avait jeté de trop profondes racines pour qu'on pût se flatter de la faire oublier. On lui fit sagement des concessions. En réhabilitant le passé, on n'eut pas la prétention de le rétablir en toutes choses ; on ne pensa pas qu'il fût sage ni possible de faire remonter le fleuve à sa source.

Replacée sur le trône de ses ancêtres, la famille des Bourbons dut transiger avec les idées nouvelles. Malheureusement elle le fit de mauvaise grâce et sans bonne foi. La Charte de 1814, octroyée par elle, ne fut pas *une vérité* ; elle fut, comme on l'a dit, une sorte de gâteau magique jeté dans la gueule du lion subjugué pour l'endormir. La famille des Bourbons avait encore des racines dans le sol : c'était une vieille souche à l'ombre de laquelle dix générations s'étaient assises. Brisée par l'ouragan, elle reverdit néanmoins et donna bonne opinion de sa force; on se rappela qu'elle avait été longtemps en honneur, que les plus vieux étaient jeunes auprès d'elle, qu'elle avait abrité les jeux de leur enfance et présidé en quelque sorte à tous les événements importants de leur vie. Les Bourbons portaient en eux la consécration du temps, et c'est ce qu'on a pu appeler leur *légitimité* : nul ne pouvait se vanter d'un droit supérieur ni même égal. Acceptés de nouveau par la nation, ils étaient au-dessus de toute rivalité; ils excluaient jusqu'à l'idée de concurrence, offrant ainsi une garantie de stabilité qu'il semblait impossible de trouver ailleurs. En même temps, faisant rentrer la France dans le système européen, ils assuraient la paix dont tout le monde était avide. A défaut de sympathies, ils se conciliaient ainsi les intérêts, et les intérêts les soutinrent longtemps contre leurs ennemis.

Ces ennemis étaient le bonapartisme et le libéralisme. En répudiant la force militaire de l'empire, en en faisant disparaître tous les souvenirs si chers au peuple, les Bourbons perpétuèrent le premier, qui devait s'éteindre naturellement après la mort de Napoléon et de son fils. Ils irritèrent le second par leurs préférences aristocratiques, par le penchant qu'ils montraient à revenir aux abus de l'ancien régime, par leur attachement au clergé dont ils cherchaient à relever la puissance, et qu'ils mêlaient à toutes les affaires dans un pays où le clergé avait une si grande part au discrédit dans lequel la religion était tombée.

La Charte de 1814 (*voy*. CHARTE CONSTITUTIONNELLE, T. V, p. 557) était loin de satisfaire le parti libéral ; mais exécutée de bonne foi, elle paraissait cependant propre à réconcilier la liberté avec la monarchie. Tous les hommes modérés et amis de l'ordre se rallièrent autour d'elle, sincèrement, sans arrière-pensée, sûrs d'ailleurs que cette Charte renfermait en elle tous les germes du progrès. Les libéraux l'acceptèrent par un autre motif: y voyant des réserves fort équivoques, faites dans le même esprit qui en avait dicté le préambule, ils jugèrent que cet esprit pourrait bien pousser un jour à la violer, et ils se firent, de cette Charte octroyée par la royauté, une arme contre la royauté même. Ils voyaient venir le moment où la Charte rendrait témoignage entre elle et eux.

Malheureusement les libéraux ne s'étaient pas trompés. La cour céda de plus en plus aux suggestions du clergé, impatient de recouvrer son pouvoir, et à celles des anciens émigrés qui, non contents d'être indemnisés de la perte de leurs biens, réclamaient leurs anciens priviléges et envahissaient tous les abords du trône.

D'année en année, les défiances devinrent plus vives et plus générales. Le libéralisme gagna du terrain; la génération venue depuis la révolution lui fournit un renfort considérable; la désaffection s'empara des classes moyennes, froissées dans leurs sentiments d'égalité, et d'ailleurs moins préoccupées des souvenirs sanglants de la Terreur à mesure qu'on s'en éloignait.

La presse envenimait les dissensions. Elle soutint contre le pouvoir une lutte violente, suspectant ses intentions, accusant ses tendances, lui reprochant surtout son pacte avec l'Église, signalant partout le jésuitisme, criant au parjure, et n'épargnant pas même dans leur vie privée les personnes royales.

La rupture entre le roi et son peuple fit de tels progrès qu'en 1826, deux ans seulement après l'avénement de Charles X, marqué pourtant par la suppression de la censure, un ambassadeur de Russie, non moins renommé pour la mesure parfaite de sa conduite que pour la clairvoyance de son esprit, put écrire à son ministre ces lignes remarquables : « Tous *les bons esprits* sentent qu'il est indispensable d'arrêter le débordement actuel; mais ils craignent en même temps qu'en donnant trop au roi, dans les dispositions qu'on lui suppose de vouloir en user pour agrandir le jésuitisme et pour se barricader pour ainsi dire dans le cercle étroit où il s'est renfermé au milieu de la France, un pareil abus n'en amène d'autres qu'ils appréhendent encore davantage que ceux qui existent et qu'ils avouent. »

En effet, les bons esprits, affligés d'un système en désaccord complet avec l'esprit du temps, renonçant à la prudence, donnèrent gain de cause, non-seulement à l'Opposition, qui, malgré son petit nombre *, tenait le gouvernement en échec, mais à la presse dont la hardiesse dégénérait souvent en licence et pour laquelle, il faut le dire, dans son antagonisme virulent, il n'y avait rien de sacré.

Nous ne pouvons entrer ici dans le détail de cette lutte de quinze ans pendant laquelle la France fit un douloureux apprentissage de la vie parlementaire; ils appartiennent aux articles Louis XVIII et Charles X, et l'article Restauration nous fournira l'occasion d'entrer dans des développements plus complets.

Maîtresse d'un budget annuel qui s'élevait déjà à un milliard, chaleureusement soutenue par l'Église et par l'aristocratie nobiliaire, sûre dans la Chambre des députés d'une majorité décisive, forte de ses alliances, s'appuyant d'ailleurs sur une armée que des lauriers cueillis en Espagne et ceux qui l'attendaient au faîte de la Kazbah d'Alger disposaient plus favorablement pour elle, la royauté se sentait néanmoins en danger. Un mot échappé à l'un de ses ministres du cabinet semi-libéral de 1828, ce mot : *l'anarchie nous déborde!* qu'on lui avait arraché comme un cri de détresse, avait encore augmenté ses appréhensions. Charles X jugea qu'il n'y avait plus de salut pour lui que dans un coup d'état; il s'encouragea par cette maxime que le roi qui avait donné la Charte était au-dessus de la Charte et pouvait la modifier, et il s'autorisa de l'article 14 pour sauver, par des mesures arbitraires, l'état dont la sûreté, suivant lui, était compromise.

C'est dans ces intentions qu'il chargea le prince Jules de Polignac (*voy.*) de lui former un nouveau cabinet; les ordonnances du 8 août 1829 préludèrent à

(*) Nous voulons dire son petit nombre dans les Chambres ; car, comme l'a dit Casimir Périer, les députés de la gauche avaient derrière eux, pour les soutenir, trente millions de Français.

celles du 25 juillet 1830, qui devinrent le signal d'une seconde révolution.

Nous avons consacré un article particulier à la fameuse adresse des Deux-cent-vingt-et-un (*voy.*), hardie mais respectueuse. On sait que Charles X lui opposa ses *résolutions immuables*, annoncées dans son discours d'ouverture de la session; « l'intérêt de mon peuple, disait-il, me défend de m'en écarter. »

La Chambre, d'abord prorogée, fut dissoute presque aussitôt; on convoqua les colléges électoraux, et le roi fit lui-même un appel à son peuple dans une proclamation (du 13 juin 1830) où il le constitua juge, en quelque sorte, entre lui et la Chambre des députés. Malgré son langage pressant, cet acte ne disposa point les esprits en faveur du roi. Il disait aux électeurs : « C'est un père qui vous appelle; » mais on ne crut plus à ses sentiments paternels. Jadis on avait ajouté foi à ces assurances : « Plus de hallebardes ! Plus de conscription ! Plus de droits réunis ! » et l'on avait été trompé; « Plus de censure ! » et l'on s'attendait encore à voir la censure reparaître. On resta donc sourd à ces paroles; on résista aux insinuations des préfets, à l'appât des places et des honneurs; l'esprit militaire lui-même fut impuissant à triompher d'une répugnance devenue presque universelle, et le canon, qui annonçait partout aux populations la prise d'Alger, n'exerça point sur les élections l'influence qu'on désirait. Les 221 furent presque tous réélus, renforcés encore de quelques autres adversaires de la Restauration.

La royauté avait épuisé les ressources que lui fournissaient les lois du pays, et, l'épreuve ayant tourné contre elle : il lui appartenait de céder, en renvoyant son ministère. Mais elle avait annoncé des résolutions immuables; elle était prête à se placer *en dehors de l'ordre légal** plutôt que de s'abandonner elle-même.

Elle garda cependant le secret. Tout le monde s'attendait à un coup d'état, chaque matin annoncé par les feuilles libérales, pendant que les journaux royalistes ne cessaient de discuter sur l'art. 14, qu'ils représentaient comme la planche de salut de la royauté. Mais ce coup

(*) Aveu contenu dans le rapport au roi.

d'état, personne ne savait en quoi il consisterait, ni quel jour il aurait lieu. Le préfet de police lui-même, assure-t-on, resta dans l'ignorance sur sa véritable nature*. Les lettres-closes, pour la séance royale, par laquelle, le 3 août, les Chambres devaient s'ouvrir, furent envoyées aux pairs et aux députés : plusieurs ne les reçurent qu'avec le *Moniteur* du lundi 26 juillet, où parurent enfin les fatales ordonnances, signées de la veille.

Ces ordonnances étaient au nombre de quatre. La première enchainait la presse; la seconde prononçait la dissolution d'une Chambre des députés qui n'était pas encore réunie; en d'autres termes, elle cassait les élections; la troisième bouleversait tout le système électoral, fondé sur une loi, en instituait arbitrairement un autre et ôtait aux députés l'initiative des amendements aux projets de lois; la quatrième enfin convoquait les colléges électoraux formés suivant le nouveau mode pour le 6 et le 13 septembre, et les Chambres pour le 28 du même mois. Ces quatre ordonnances étaient accompagnées de deux autres, qui, sans avoir rien d'illégal, exaspéraient l'opinion publique par les nominations trop significatives qu'elles faisaient.

Avec ces ordonnances, dont la première et la troisième étaient contresignées par tous les ministres présents au conseil, le *Moniteur* publia un rapport au roi revêtu des mêmes signatures, mais qu'on a généralement regardé comme l'ouvrage de M. de Chantelauze (*voy.* son article). On ne peut contester le talent qui se montre dans la rédaction de ce manifeste, destiné à justifier le coup d'état et à lui donner l'apparence, non de violer la Charte, mais d'y rentrer. On avouait bien qu'on se plaçait en dehors de l'ordre légal ; mais, en même temps, on prétendait que cet ordre légal lui-même était,

(*) Si, dans son numéro du 24 octobre 1830, *le Constitutionnel* était bien informé, l'autorité civile n'était pas destinée à intervenir. Les généraux et les colonels de la garde royale étaient prévenus. A la date du 19 juillet se trouvait inscrit sur le registre d'ordres un ordre du jour qui, en cas de rassemblements, indique à chaque corps le poste qu'il devra occuper, la route qu'il devra suivre pour s'y rendre, et autorise les chefs, en cas d'alerte, à faire ces mouvements.

sous plus d'un rapport, en dehors de la Charte, qu'on affectait de rétablir dans ses droits. « L'article 14, disait-on au roi, qui lui-même avait dicté ces résolutions, a investi V. M. d'un pouvoir suffisant, non sans doute pour changer nos institutions, mais pour les consolider et les rendre plus immuables. »

Ce rapport était un acte d'accusation contre la France en masse, ou au moins contre tous ceux qui s'occupaient des affaires publiques. « Une démocratie turbulente qui a pénétré jusque dans nos lois, y était-il dit, tend à se substituer au pouvoir légitime. Elle dispose de la majorité des élections, par le moyen de ses journaux et le concours d'affiliations nombreuses. Elle a paralysé, autant qu'il dépendait d'elle, l'exercice régulier de la plus essentielle prérogative de la couronne, celle de dissoudre la Chambre élective. Par cela même, la constitution de l'état est ébranlée : V. M. seule conserve *la force* de la rasseoir et de la raffermir sur ses bases. » Cependant, il était plus particulièrement dirigé contre la presse, en général, mais surtout contre la presse périodique. « Elle s'applique par des efforts soutenus, persévérants, répétés chaque jour, à relâcher tous les liens d'obéissance et de subordination, à user les ressorts de l'autorité publique, à la rabaisser, à l'avilir dans l'opinion des peuples, et à lui créer partout des embarras et des résistances... La presse périodique n'a pas même rempli sa plus essentielle condition : celle de la publicité... Dans l'état des choses, les faits, quand ils ne sont pas entièrement supposés, ne parviennent à la connaissance de plusieurs millions de lecteurs que tronqués, défigurés, mutilés de la manière la plus odieuse. Un épais nuage, élevé par les journaux, dérobe la vérité et intercepte, en quelque sorte, la lumière entre le gouvernement et les peuples... »

Ces accusations, il faut le dire, n'étaient pas toutes gratuites; la peinture de l'état moral de la France n'était ni fausse en tous points, ni même trop chargée. Mais, dans notre système constitutionnel, il n'y a que la loi pour défaire la loi, et le parjure pouvait-il être un remède aux maux dont on se plaignait? Appartenait-il à la royauté de donner l'exemple de l'insurrection contre les lois ?

Une stupeur générale, suivie de la plus vive indignation, accueillit à Paris les ordonnances. Provoquée par elles, la presse accepta le défi, et se mit en mesure de combattre à outrance pour ses droits légalement consacrés. Outre les journaux ultra-royalistes, deux des plus influents et des plus prospères consentirent à faire la demande d'autorisation désormais exigée; mais les gérants et les rédacteurs de tous les autres, auxquels se joignirent même des rédacteurs isolés de l'un de ces journaux influents, résistèrent. Affermis dans leurs idées par une consultation qui eut lieu chez M. Dupin aîné (*voy.*), en présence de MM. Barthe, Odillon-Barrot (*voy.*), Mérilhou, Berville, Bavoux, dès le matin du 26, et ensuite par une délibération prise en commun, dans les bureaux du *National* (*voy.*), sous la présidence de M. le comte A. de Laborde (*voy.*), ils signèrent, le même jour, une protestation. « *Le régime légal*, déclaraient-ils, *est interrompu ; celui de la force est commencé...* Dans la situation où nous sommes placés, l'obéissance cesse d'être un devoir. Les citoyens appelés les premiers à obéir sont les écrivains des journaux : ils doivent donner les premiers l'exemple de la résistance à l'autorité qui s'est dépouillée du caractère de la loi. » On décida que les journaux paraîtraient sans autorisation. Restait à vaincre les scrupules des imprimeurs. Les rédacteurs du *Temps*, du *Journal du Commerce* et du *Journal de Paris*, voulant s'assurer l'appui de la magistrature, avaient assigné les leurs en référé (*voy.*), pour leur forcer la main. La nuit du 26 au 27, M. de Belleyme, président du tribunal de 1re instance de la Seine, statua dans ce sens et enjoignit aux imprimeurs de procéder à l'impression des journaux pour paraître le lendemain. Le *National* et le *Temps* parurent en effet le 27 et publièrent la protestation, en supprimant seulement les signatures. Lorsque la police se présenta chez eux suivie de la force armée, on lui déclara qu'elle n'entrerait qu'en brisant les portes, et ce ne fut pas sans peine qu'elle se procura des ouvriers pour forcer les serrures. Bientôt

(mercredi) une décision solennelle du Tribunal de commerce, rendue en faveur du *Courrier français* contre son imprimeur, et proclamée par M. Ganneron, confirma la décision du premier juge, en déclarant que l'ordonnance du 25 juillet, « *contraire à la Charte*, ne saurait être obligatoire. »

En bravant les injonctions de la police, en la laissant briser leurs portes, en imprimant et répandant leur protestation, ce furent donc les journalistes qui commencèrent le mouvement. Les imprimeurs s'y associèrent aussi, non pas activement, mais cependant de la manière la plus efficace, en renvoyant leurs ouvriers et en les adressant au gouvernement pour avoir du pain, eux n'étant plus sûrs de pouvoir leur en donner. Cet exemple fut suivi par les fabricants, également lésés dans leurs droits; car les ordonnances rayaient la patente du nombre des impositions qui entraient comme éléments dans le cens électoral. En même temps, les fonds baissèrent à la Bourse. De ce mouvement à une révolution il n'y avait pas loin, dans un pays où les esprits, d'ailleurs naturellement vifs et frondeurs, n'y étaient déjà que trop disposés, et où la religion n'avait plus la puissance de réfréner le désir de bien-être par la perspective des jouissances célestes qu'elle présente comme compensation.

En quittant leurs ateliers, les ouvrier jetèrent dans la ville une grande effervescence. Partout se formèrent des groupes où les paroles les plus violentes se faisaient entendre et où l'indignation publique se manifestait énergiquement. Dès le mardi matin (27 juillet), on remarqua une affluence extraordinaire dans la rue Richelieu, au boulevard des Capucines, où est situé l'hôtel des affaires étrangères, alors occupé par M. de Polignac, et au Palais-Royal. Vers deux heures, elle devint telle, que, dans l'enceinte de ce palais, il fallut fermer les grilles et bientôt les boutiques, et qu'une décharge de la gendarmerie postée aux approches de la rue Neuve-du-Luxembourg, tua une femme, dont on ne tarda pas à promener le corps par la ville aux cris de *vengeance !*

Le peuple toutefois était sans armes;

mais son attitude annonçait un grand péril. Lorsque la gendarmerie, pour le refouler, fit usage du sabre, il s'arma de pierres qu'il lança contre les cavaliers. Alors partirent, de leurs rangs, à ce qu'on assure, d'autres coups de fusil, qui devinrent le signal de cette bataille de trois jours, pendant laquelle le sang coula dans toutes les rues de Paris, et où les enfants d'une même patrie s'entre-égorgèrent pour combattre ou soutenir une cause que le sang répandu ne pouvait contribuer qu'à perdre irrévocablement.

Dès le mardi soir, la garde royale marcha contre les attroupements, sans qu'on vît paraître nulle part des officiers civils pour faire les sommations voulues par la loi. Sabré, foulé aux pieds des chevaux, le peuple était dans une cruelle exaspération, et l'on sait quels sinistres auxiliaires il est toujours sûr de trouver dans de pareils moments. Pour se défendre, il enfonça les boutiques des armuriers; bâtons, vieux sabres, fusils de chasse, il saisit tout ce qu'il rencontra. Vers cinq heures, la rue Saint-Honoré retentissait d'un feu roulant; et des blessés qu'on emportait sur des brancards montraient aux passants leur sang qui ruisselait, en criant : *Vive la Charte !* et en leur demandant de les venger. Toute la garnison de Paris fut aussitôt mise sur pied; des luttes partielles s'établirent sur plusieurs points aux environs des Tuileries, et ce fut entre les rues Saint-Honoré et Richelieu et la place du Palais-Royal que les troupes rencontrèrent, ce même soir, la première barricade faite avec un omnibus que le peuple avait renversé.

Pendant que la résistance matérielle s'organisait ainsi, des réunions d'électeurs ou de simples citoyens eurent lieu dans plusieurs quartiers, et les députés présents à Paris songèrent à opposer au moins une résistance morale à la contre-révolution, dont les ordonnances devaient être le prélude. Dès le lundi soir, ils s'étaient réunis, au nombre de onze, chez M. le comte A. de Laborde, rue d'Artois; mais tout s'était borné à des conversations, et l'on s'était donné rendez-vous, pour le lendemain mardi, chez Casimir Périer (*voy.*), rue Neuve-du-Luxembourg, non loin de l'hôtel des Capucines, où

M. de Polignac s'était mis sous la protection d'un bataillon d'infanterie. Cette assemblée, peu nombreuse encore (car trente-sept députés seulement y assistèrent), commença vers trois heures ses délibérations, bientôt interrompues par le bruit de la multitude, par celui des chevaux, et plus tard par le bruit, plus sinistre, des premières décharges. La police s'alarmait, mais elle n'osait franchir le seuil d'une habitation privée et mettre la main sur ces députés que les acclamations de la foule avaient salués.

La plupart étaient encore indécis sur leur caractère légal et sur le rôle qu'il leur appartenait de jouer. D'accord sur ce point seulement, qu'il était de leur devoir de protester contre les ordonnances, ils étaient partagés d'opinion sur tous les autres. Casimir Périer insistait sur la nécessité de rester dans le cercle d'une stricte légalité, pensant qu'ils n'auraient de l'influence qu'à cette condition et n'espérant rien d'une lutte ouverte contre la force armée. D'autres membres opinaient pour la résistance, et donnaient un libre cours aux sentiments les plus exaltés. Bientôt de nouveaux stimulants vinrent du dehors : plusieurs députations demandèrent à être admises en présence des députés. Une première, ayant à sa tête MM. Mérilhou et Boulay de la Meurthe, vint, au nom des électeurs de Paris, assurait-elle, inviter la réunion à se mettre à la tête de l'insurrection qui s'organisait, seul recours, suivant elle, qui restât aux citoyens, les ordonnances ayant ouvertement violé la Charte et le pouvoir se disposant à les soutenir par la force. Puis de jeunes étudians se présentèrent de la part d'une association considérable, se portant fort pour toute la jeunesse parisienne, annonçant qu'ils étaient décidés à prendre les armes, et offrant aux députés une garde qui protégerait leurs délibérations partout où ils voudraient se réunir. La première députation fut seule reçue : les vives instances de Labbey de Pompières, doyen d'âge des députés, qui présidait la réunion, triomphèrent cette fois des scrupules de Casimir Périer et de quelques-uns de ses amis.

Le mouvement menaçait ainsi d'entraîner les députés. Exposés aux regards du public, signalés aux défiances de l'autorité, ils jugèrent imprudent de prolonger leur séance dans le même lieu; d'ailleurs, le bruit toujours croissant de la lutte extérieure couvrait les voix et rendait la délibération impossible. On se sépara sans avoir pris d'autre parti que la résolution de se réunir le lendemain matin à la maison de roulage de M. Audry de Puyraveau, l'un des membres présents, rue du Faubourg-Poissonnière.

Les hommes ardents, peu satisfaits de cette marche lente et méticuleuse, tournèrent leurs espérances ailleurs. L'Opposition extra-parlementaire avait envoyé ses organes les plus décidés à une réunion qui se tenait chez M. Cadet-Gassicourt, rue Saint-Honoré, et qui, se prolongeant dans la soirée, amena, au bruit de la fusillade du dehors, plusieurs résolutions énergiques, comme celle de refuser l'impôt, de réorganiser la garde nationale et de former, aux douze mairies, des municipalités provisoires. On choisit, séance tenante, ceux qui devaient composer les douze comités.

Un fait bien remarquable, c'est que la police resta inactive, quoique tout cela se passât presque publiquement; car, dans la rue Saint-Honoré, comme dans la rue Neuve-du-Luxembourg, le rassemblement formé à la porte de la maison devait naturellement exciter son attention.

A l'entrée de la nuit du mardi au mercredi (27 et 28), Paris prenait déjà un aspect effrayant. De fortes patrouilles, à pied et à cheval, parcouraient, dans toutes les directions, les rues désertes et plongées dans l'obscurité; en beaucoup d'endroits on avait brisé les réverbères et dans d'autres on n'avait pas osé les allumer. Les ministres, hués, poursuivis par le peuple à coups de pierres, se rendirent à Saint-Cloud, pour faire signer au roi une ordonnance qui mettait Paris en état de siége. Le maréchal Marmont (*voy.*), duc de Raguse, en sa qualité de major général de service, était déjà désigné pour en prendre le commandement. Mais à cela se bornèrent les préparatifs; car les ministres se flattaient qu'après quelques charges exécutées par la garde royale, tout rentrerait dans l'ordre; tout au plus jugèrent-ils utile de

renforcer la garnison ordinaire de Paris d'un millier d'hommes appelés des environs; ils étaient rassurés par la supériorité que devaient avoir des troupes d'élite, rompues au maniement des armes, contre une multitude sans chefs, sans armes régulières, sans munitions. Ils ne songèrent pas que la colère du peuple et son courage pouvaient suppléer à tout cela.

Le lendemain, mercredi 28 juillet, des rassemblements se formèrent dès le point du jour. Les ouvriers, excités la nuit par les meneurs du peuple, se répandirent dans les rues armés de bâtons, d'instruments et d'outils de toute espèce. Bientôt, on sut que la capitale était mise en état de siége : Marmont, celui, disait-on (mais injustement), qui, en 1814, avait livré la capitale aux ennemis, était chargé maintenant de la mitrailler. L'indignation fut au comble. L'on s'arma en pillant les magasins des armuriers et des débitants de poudre et de plomb, en tombant par surprise sur les postes faibles et sur les casernes abandonnées; on dépava les rues, on construisit, à leurs extrémités, des barricades, en entassant les pavés, des poutres, des barriques, des voitures renversées, tous les matériaux enfin qu'on pouvait se procurer. «Quelques boutiques, dit Lesur *, dont les enseignes portaient des armoiries de France, furent pillées : c'en fut assez pour que tous les marchands, fournisseurs de la cour, les fissent disparaître, dans la crainte que ce ne fût contre eux des prétextes d'insulte ou de pillage. Les notaires et les huissiers firent de même enlever leurs panonceaux; et ce que des particuliers faisaient par une précaution timide, devint comme le signal de destruction de tous les emblèmes du gouvernement royal, qui disparurent en un instant et furent traînés dans la boue jusque sous les yeux de quelques postes militaires, sans que la force armée s'y opposât. C'est avec la même rapidité, comme par un accord inconcevable dans le désordre d'une sédition, que s'opérèrent presque à la fois le désarmement des pompiers, des fusiliers sédentaires et de tous les corps-de-garde isolés; la prise de l'Arsenal, de la pou-

(*) *Annuaire* pour 1830, p. 135.

drière des Deux-Moulins, du dépôt d'armes et d'artillerie de Saint-Thomas-d'Aquin, l'ouverture de la prison de l'Abbaye et l'occupation de l'Hôtel-de-Ville. »

Sans une excessive imprévoyance de la part des autorités supérieures, imprévoyance qu'il est bien difficile de concilier avec la téméraire entreprise de déchirer la constitution d'un grand peuple, tous ces résultats partiels, très importants pour la cause populaire, n'eussent pu être obtenus dans un si court espace de temps. La plupart l'avaient été avant que les troupes sortissent de leurs quartiers.

Le maréchal commandant de Paris avait à ses ordres une garnison d'environ 11,500 hommes de toutes armes. C'était en majeure partie de la garde royale, hommes d'élite et dévoués, les uns Français, les autres Suisses; mais il y avait aussi 4,400 soldats appartenant à quatre régiments de ligne. Ceux-ci montrèrent dès l'abord de l'hésitation; le peuple s'abstint, à leur égard, de toute hostilité, les salua des cris de *Vive la ligne!* leur rappela, par cette distinction, la jalousie qu'une garde spéciale inspire toujours aux autres régiments, les toucha par sa confiance et les ébranla tout-à-fait en les entourant, les pressant, les haranguant. Leur coopération fut alors peu efficace : on ne se servit d'eux que pour contenir le peuple, pour lui barrer le passage, pour couvrir les flancs ou les derrières de la garde, sans leur faire prendre l'offensive directement. Les forces avec lesquelles on pouvait agir étaient ainsi considérablement réduites, et elles ne tardèrent pas à se montrer insuffisantes.

Pendant que le maréchal, après s'être installé sur la place du Carrousel, dans un bâtiment latéral du château des Tuileries, prenait ses dispositions pour attaquer la rébellion sur tous les points à la fois, la réunion des députés délibérait, chez M. Audry de Puyraveau, au bruit des coups de fusil et des cris du peuple, sur les démarches qu'il lui appartenait de faire auprès de l'autorité. Quoique toujours peu nombreuse, elle était augmentée cependant de M. Laffitte et du général La Fayette (*voy.*), qui venaient d'arriver en toute hâte sur l'appel de leurs amis. La question de la légalité, dont plusieurs se refusaient encore de sortir, était difficile à résoudre; mais le temps pressait: il était indispensable de prendre un parti, lorsque Casimir Périer, représentant à ses collègues que la chose la plus urgente était d'arrêter l'effusion du sang, leur proposa d'envoyer au duc de Raguse une députation de cinq membres pour lui demander, au nom des députés présents à Paris, une suspension d'hostilités, en attendant qu'on pût porter au roi leurs doléances ou leurs protestations. Déjà, en effet, un projet de protestation, vigoureuse quant au fond, mais modérée dans la forme, avait été présenté par M. Guizot (*voy.*), qui partageait les sentiments de C. Périer et avait en outre pris conseil de plusieurs pairs, députés et publicistes réunis le même jour dans sa maison. On ajourna le vote sur ce projet, et, accueillant l'idée de C. Périer, on le nomma lui-même, avec MM. Laffitte; Mauguin, les généraux comtes Gérard et de Lobau (*voy.*), pour remplir cette mission périlleuse.

Déjà le maire du 10e arrondissement avait fait une pareille tentative près du maréchal. A sa demande de pouvoir former une garde urbaine qui protégeât les citoyens et leurs biens, celui-ci avait répondu par un refus péremptoire. Il se chargeait lui-même de la défense des citoyens paisibles, disait-il; et il ajouta ces mots : « Avant que vous ne soyez rentrés chez vous, vous entendrez ronfler le canon! »

En effet, on en était déjà venu à cette *ultima ratio*. D'assez fortes reconnaissances envoyées par le maréchal avaient été repoussées avec perte, sans avoir pu reprendre l'Hôtel-de-Ville. Après avoir informé à la hâte le roi, par un message, que ce n'était plus une émeute, *mais une révolution*, il avait commencé les opérations en faisant marcher les troupes, divisées en quatre colonnes, dans différentes directions. Peut-être eût-il été plus utile pour son entreprise de les moins disperser [*], de se tenir en force dans une po-

(*) C'était l'avis de Charles X qui avait fait recommander au maréchal, par l'organe de M. Komierowsky, son aide-de-camp, *de tenir bon, de réunir ses forces sur le Carrousel et à la place Louis XV, et d'agir avec des masses.*

sition intermédiaire entre la ville et Saint-Cloud, comme l'était celle des Tuileries et du Louvre, bornée d'une part par la Seine et de l'autre par la rue Saint-Honoré; puis d'avancer de là progressivement pour élargir le cercle et y comprendre le Palais-Royal, le Palais-de-Justice, l'Hôtel-de-Ville, etc., etc. Mais on voulut se maintenir à la fois dans tout Paris et rétablir partout la circulation. En conséquence, les colonnes s'engagèrent dans les quartiers les plus populeux et les plus hostiles, où les barricades les arrêtèrent à chaque pas, où du haut des maisons on leur jetait des pavés et leur tirait des coups de fusils, où elles eurent leurs communications coupées, et où il n'était pas plus facile de reculer que de se porter en avant. L'une d'elles ayant été accueillie, près de la porte Saint-Martin, par une vive fusillade, riposta par un feu de peloton et dispersa la foule par deux coups de canon à mitraille; elle démolit ensuite la barricade, que le peuple releva aussitôt derrière elle.

Le canon avait donc *ronflé*, et de malheureuses victimes gisaient déjà sur le pavé ou encombraient les hôpitaux, lorsque les cinq députés arrivèrent, à travers mille dangers, chez le duc de Raguse, vers deux heures et demie. Les quartiers qu'il avait fallu parcourir leur avaient offert l'affreux spectacle de la guerre civile et du carnage : ils le peignirent avec de vives couleurs, pressèrent le maréchal de faire cesser le feu, et le rendirent responsable des conséquences qu'entraînerait son refus. « L'honneur militaire est l'obéissance,» répondit le vieux guerrier visiblement ému; mais on lui rappela qu'il y avait aussi l'honneur civil, et que celui-ci défendait d'égorger ses concitoyens. Alors le maréchal s'informa quelles conditions les députés proposaient. « Sans trop préjuger de notre influence, déclarèrent-ils, nous croyons pouvoir répondre que tout rentrera dans l'ordre aux conditions suivantes : le rapport des ordonnances illégales du 25 juillet, le renvoi des ministres et la convocation des Chambres pour le 3 août. » Le maréchal refusa; il déplora la fatalité de sa vie, avoua que, comme citoyen, il partageait les sentiments des députés, mais qu'il avait des ordres

positifs et qu'il était enchaîné par son devoir. Cependant, voulant leur ménager une entrevue avec le prince de Polignac, il s'éloigna un moment : lorsqu'il revint, le découragement était peint sur ses traits; le premier ministre n'avait rien voulu entendre aux conditions que proposaient les députés; tout ce qu'ils obtinrent, ce fut que le maréchal enverrait un exprès à Saint-Cloud pour informer le roi de leur démarche.

La résistance du peuple croissait de minute en minute. Ce n'était plus la populace seulement ni les ouvriers, ni les jeunes gens des Écoles : c'étaient des citoyens de toutes les classes qui se battaient dans les rues, où, depuis dix heures du matin (mercredi 28), des gardes nationaux en uniforme et en armes avaient apparu, les uns spontanément, les autres sur l'appel de la réunion d'électeurs qui avait eu lieu dans la rue Saint-Honoré. Plusieurs bataillons se formèrent et prirent part au combat, qui ne cessa pas avant la nuit. L'espace qui s'étend du Louvre à la Bastille et de l'Hôtel-de-Ville à la porte Saint-Denis en fut le principal théâtre; il fut meurtrier sur plusieurs points, et de part et d'autre on montra un admirable héroïsme. Presque partout le peuple fut vainqueur. La garde royale, enfermée dans les rues, arrêtée par les barricades, fusillée de tous côtés, écrasée par les pavés qu'on lui lançait de toutes les fenêtres, consternée de ne rencontrer nulle part des visages amis, furieuse d'être mal soutenue, même par la ligne dont elle était flanquée ou suivie, eut en outre à lutter contre la faim et la soif, aucune porte ne s'ouvrant pour elle et rien n'étant préparé pour subvenir à ses besoins. Elle fit en pure perte des prodiges de valeur; car, lorsque la nuit vint suspendre la rage des combattants, un sous-officier déguisé, envoyé de l'état-major, au lieu d'annoncer les renforts demandés, apporta l'ordre de se replier sur les Tuileries. L'Hôtel-de-Ville, plusieurs fois pris et repris, fut alors abandonné aux insurgés.

Lorsqu'après un combat de douze à treize heures, ces braves soldats suisses et français revinrent à l'état-major général, ils n'y trouvèrent pas de vivres préparés, et leur morne regard, qui témoignait de leur douleur, accusait hautement l'inconcevable incurie de leur chef.

Mais que se passait-il en attendant à Saint-Cloud, où Charles X avait appris déjà à quelles extrémités on en était venu ? « Il croyait, comme tous les courtisans, raconte Lesur[*], qu'on exagérait le mal. Quelques-uns de ceux-ci assuraient que les troupes l'avaient emporté sur tous les points; que plusieurs députés, généraux ou journalistes, qui voulaient se mettre à la tête du mouvement, étaient arrêtés et qu'ils allaient être traduits devant un conseil de guerre... La soirée se passa sans autres nouvelles; on se contenta d'avertir les gardes-du-corps de se tenir prêts à monter à cheval, de faire venir l'école de Saint-Cyr avec ses pièces, de rappeler les régiments de la garde de leurs garnisons, et de dissoudre les camps de Saint-Omer et de Lunéville pour en diriger les troupes sur Paris. D'ailleurs ces ordres n'étaient regardés que comme des mesures de précaution; on ne paraissait pas avoir d'inquiétude ou d'idée du danger qui menaçait la couronne, et *le jeu du roi eut lieu tout comme à l'ordinaire...* »

« Cependant le canon grondait encore de loin en loin; la fusillade ne discontinuait pas entre les citoyens et les postes occupés par la garde royale. Il n'était parti ce soir-là ni malles ni diligences; la correspondance des télégraphes était interrompue; quelques courriers du commerce pouvaient seuls informer les provinces, où se répandirent les bruits les plus sinistres et les plus mensongers. »

Sans avoir remporté nulle part d'avantage signalé, les insurgés restèrent donc maîtres du champ de bataille le mercredi soir. Dans la journée, ils avaient d'ailleurs obtenu gain de cause devant le tribunal, et ce succès important donna à leur entreprise la sanction de la justice.

La réunion des députés avait été indiquée pour 4 heures chez M. Bérard (*voy.*), rue du Helder, afin d'entendre le rapport des commissaires envoyés à l'état-major. On y reprit la protestation rédigée par M. Guizot, et quoiqu'il n'y eût pas plus de 15 membres présents, on y apposa 73 noms; mais elle ne fut, à vrai dire, signée de personne, cette formalité n'ayant pas été jugée nécessaire. Elle fut envoyée au *Temps*, dont le rédacteur, avant de la publier, en retrancha ou modifia des phrases qui lui paraissaient trop monarchiques ou trop cauteleuses. Elle fut aussi affichée aux coins des rues. On se sépara ensuite pour se réunir de nouveau, à huit heures, chez M. Audry de Puyraveau, où l'on resta jusque vers minuit, entouré d'un attirail de guerre formidable; et un nouveau rendez-vous fut alors indiqué pour le lendemain chez M. Laffitte, dont l'hôtel devint ainsi le véritable quartier-général de l'insurrection.

« Cette nuit cruelle, dit encore Lesur (p. 154), se passa pour tous les partis dans les alarmes et les angoisses; on n'entendait plus de loin en loin que des *qui vive?* des coups de fusil isolés, et le tocsin qui continuait à sonner dans plusieurs églises. Du côté du peuple, on profita de cette trève pour achever la construction des barricades, de manière à rendre, le lendemain, tout mouvement de troupes à peu près impossible; on se procura encore des armes et des munitions dans les corps-de-garde, aux casernes et aux barrières dont tous les postes furent désarmés, grâce à l'ardeur de quelques jeunes gens et surtout des élèves de l'École Polytechnique qui forcèrent tous leur consigne. Il commençait à s'établir entre les divers quartiers des intelligences qui promettaient pour le lendemain un succès décisif. »

De chef, le peuple n'en avait pas encore, quoique le général Pajol se fût offert dès la veille à la réunion des députés. Mais dans cette journée de mercredi, voulant soutenir le courage des combattants, on avait placardé dans tout Paris l'annonce qu'il s'était formé un gouvernement provisoire composé du général La Fayette, du duc de Choiseul et du général Gérard. C'était une pure fiction : aucun des trois personnages n'avait été nommé et aucun d'eux n'avait autorisé l'usage qu'on faisait de leurs noms; seulement, ils ne le désavouèrent point, et ce fut déjà un service rendu. Le peuple invoquait surtout le nom du héros de

(*) *Annuaire*, p. 151.

1789. Mais quoique La Fayette vînt à toutes les réunions de députés, il n'avait pas encore annoncé l'intention de prendre le commandement ; il attendait sans doute que la garde nationale se fût montrée plus nombreuse.

Elle était prête alors : partout les hommes du peuple qui, la veille, avaient presque exclusivement supporté la chaleur du combat, l'appelèrent à hauts cris. Le jeudi 29 juillet, au matin, le comte A. de Laborde, sans attendre aucune proclamation, comme il le dit lui-même, sortit pour organiser le quartier Montmartre et la Chaussée-d'Antin. D'autres anciens officiers le rejoignirent ; on fit battre la générale, et bientôt arrivèrent à l'hôtel Laffitte jusqu'à 1,500 hommes en armes et en uniformes. On en dirigea une partie sur les boulevards, et l'autre sur la Banque qui était encore occupée par la garde royale.

Celle-ci ne tarda pas à évacuer ce poste, ainsi que les autres quartiers de la ville où elle était échelonnée. Toute la partie nord-est était alors affranchie. Le maréchal concentrait ses forces aux abords des Tuileries et du Louvre ; celles de l'insurrection se montrèrent surtout formidables autour de l'Hôtel-de-Ville et sur la place de la Bourse, où, vers les dix heures, 5 à 6,000 hommes étaient réunis, la plupart armés. Là un chef se présenta, et telle était l'impatience du peuple que la vue de son uniforme suffit pour le faire accepter. C'était le colonel Dubourg, ancien officier de l'empire, homme d'action et l'un des combattants de la veille, mais peu connu et n'ayant à offrir que son épée. Poussé, présenté à la garde nationale par M. Évariste Dumoulin, l'un des signataires de la protestation des journalistes, il avait endossé l'uniforme de général qu'on venait d'acheter pour lui chez un fripier, avait orné son chapeau d'une large cocarde tricolore, la première qui reparût alors ; et, reconnaissable à ces marques extérieures, il vint lire une proclamation, où il disait : « Nous combattons pour nos lois et la liberté : Concitoyens, le triomphe est certain. » Un *hourra!* universel se fit entendre : le général improvisé en profita pour proposer à la multitude de le suivre à l'Hôtel-de-Ville.

Elle répondit encore par des acclamations, et aussitôt on se mit en marche. Après s'être arrêté un instant aux marchés des Prouvaires et des Innocents, où le général laissa plusieurs détachements de cent hommes pour défendre les barricades dans le cas où la garde royale reviendrait les attaquer, le cortége arriva à l'Hôtel-de-Ville alors abandonné. En attendant le gouvernement provisoire, dont on avait annoncé la formation avant qu'elle fût réelle, le général Dubourg, avec ses lieutenants (le colonel Zimmer et M. Gisquet) s'y installa ; de son côté, M. Baude, rédacteur du *Temps*, vint y organiser des bureaux. M. Girod de l'Ain (*voy.*) fut le premier député qui s'y présenta. En signe de deuil, un drapeau noir avait été arboré sur le beffroi : le général y fit substituer le drapeau aux couleurs nationales ; puis il signa divers arrêtés concernant l'inviolabilité des monuments français, les mairies, les secours aux blessés, etc. ; enfin il rendit un ordre du jour qui portait convocation des députés, mais qui fut ensuite regardé comme non-avenu.

Partout, depuis le matin de cette journée de jeudi, le peuple avait pris l'offensive. A l'exemple de M. Laffitte qui s'était *jeté corps et biens dans le mouvement*, beaucoup de citoyens des classes supérieures s'y associèrent. La Chaussée-d'Antin, le boulevard des Italiens étaient en armes. Le faubourg Saint-Germain, qui était resté presque étranger au combat, y fut appelé par les élèves de l'École Polytechnique et des diverses facultés. Un grand rassemblement se forma autour de l'Odéon ; on désarma les casernes des gendarmes, la garde du palais du Luxembourg et tous les postes des barrières. La Conciergerie, forcée par des bandes où se trouvaient des malfaiteurs empressés de délivrer leurs camarades, lâcha ses prisonniers. A peu de distance des Tuileries, on s'empara du quartier des gardes-du-corps, où l'on prit 300 fusils ; on se rendit maître du détachement posté au Palais-Bourbon ; on se préparait à l'attaque de la caserne de Babylone, quartier des Suisses, qui en effet fut prise d'assaut dans la journée, enfin on osa déboucher sur les quais, menaçant le Louvre, et ce fut à cette occasion que le portail de l'Institut fut criblé de balles et profondément marqué d'un biscayen.

D'autre part, s'avançant jusqu'à la place Vendôme, encore comprise dans les lignes d'opération du maréchal, et où stationnaient le 53e et le 5e régiment de ligne, la multitude entoura ces militaires, les gagna par des paroles de bienveillance, leur représenta que la cause du peuple était juste, et qu'il n'appartenait pas à des enfants du peuple de tourner leurs armes contre lui. Ébranlés par les cris de la foule, pressés par des hommes de toutes les classes, fatigués d'ailleurs du rôle équivoque qu'ils jouaient, les soldats ne dissimulèrent plus leur sympathie.

Depuis le matin, les députés accouraient chez M. Laffitte qu'une foulure au pied retenait chez lui. A onze heures, ils étaient environ 40, et à midi plus nombreux encore ; on entra régulièrement en séance. En ce moment, un sous-officier du 53e demande à être introduit : il apprend aux députés que les régiments de la ligne sont prêts à entrer en arrangement, et le général Gérard déclare qu'il faut profiter de cet avis. En conséquence le colonel Heymès se dirige vers la place Vendôme et entre en pourparlers avec les chefs des régiments. Après quelque hésitation, ceux-ci se laissent entraîner et commandent la marche vers le boulevard. Arrivés à l'hôtel Laffitte, ils forment leur troupe dans la cour, où le général Gérard vient la haranguer. Mais en renonçant aux hostilités contre le peuple, ils n'entendaient point se battre contre leurs frères d'armes ; ils stipulent qu'il leur sera permis de rester neutres jusqu'à la fin de la lutte. Alors les soldats se hâtent de décharger en l'air leurs fusils et beaucoup d'entre eux courent à la défense des barricades.

Cet incident heureux et la nouvelle de l'occupation de l'Hôtel - de - Ville triomphèrent de l'irrésolution d'un grand nombre de députés. Lorsque, vers une heure, le général La Fayette arriva, tenant à la main plusieurs lettres, et dit « qu'un grand nombre de bons citoyens, se rappelant qu'il avait jadis commandé la garde nationale parisienne, lui avaient écrit pour l'engager à se mettre encore à

sa tête, et qu'il était résolu de céder à leur vœu, » il fut vivement applaudi. Le général Gérard avait déjà pris le commandement de toute la force armée, mais il s'empressa de céder la garde nationale à son illustre collègue, ne gardant pour lui que la troupe de ligne, dans le commandement de laquelle le général Pajol lui fut adjoint.

Un événement plus décisif encore eut lieu dans ce moment, et, en complétant la victoire du peuple, mit fin à toute incertitude de la part de ceux que leur mandat de député mettait naturellement à la tête du mouvement préparé par leurs doctrines, et qui n'avaient osé jusque-là en prendre sur eux la responsabilité.

Nous avons vu que le maréchal, en se concentrant au quartier des Tuileries, avait compris la rue Saint-Honoré dans son système de défense. La désertion des deux régiments de ligne le mit à découvert. Informé de ce qui se passait, le duc de Raguse ordonna sur-le-champ que l'un des bataillons suisses chargés de la défense du Louvre allât barrer la rue Castiglione pour garder le passage de la rue Saint-Honoré et des Tuileries. Ce fut le bataillon qui défendait la colonnade et les fenêtres des Musées qui reçut l'ordre de marcher ; et il l'exécuta dans un moment où le Louvre était assailli de toutes parts et où l'autre bataillon, stationné dans la cour, faisait de courageux efforts pour repousser par des sorties l'attaque du côté du pont des Arts, où les élèves de l'École Polytechnique avaient mis en batterie deux pièces de canon. Du côté de Saint-Germain-l'Auxerrois, la foule était encore plus nombreuse ; elle s'aperçut bientôt de la cessation du feu : alors on quitta les embuscades autour de l'église et dans les maisons d'où l'on tiraillait depuis longtemps ; on força les grilles qui entourent le palais, on se rapprocha des murs, et, par un mouvement rapide, exécuté malgré quelques coups de fusil tirés de l'intérieur, on escalada la colonnade, pendant que d'autres bandes s'introduisirent dans le Musée de sculpture par les fausses portes qui y conduisent du jardin de l'Infante. Enveloppés de toutes parts, les Suisses ne purent tenir plus longtemps : la vue de ce débordement et des hommes qu'ils perdaient jeta l'épouvante parmi eux. Après avoir inutilement essayé d'obtenir la suspension d'armes que déjà le maréchal avait demandée et que le général Dubourg avait refusée, les officiers, pour ne pas sacrifier tout leur monde, ramenèrent vers les Tuileries le bataillon, toujours suivi par les vainqueurs qui tirèrent constamment sur ces hommes en retraite, et en tuèrent ou blessèrent beaucoup. La multitude ayant envahi le Louvre, on se précipita dans la galerie des tableaux. Exposé alors à un feu meurtrier, ce bataillon eut de la peine à rejoindre le régiment suisse et les lanciers stationnés sur la place du Carrousel. Les troupes réunies là auraient été suffisantes pour repousser une multitude mal armée et qui n'offrait pas, en cet endroit, de masses épaisses ; mais le bataillon du Louvre répandit parmi elles une terreur panique. D'autres flots de peuple débouchèrent d'ailleurs par la rue de Rohan, et alors lanciers et Suisses se précipitèrent pêlemêle par l'Arc de Triomphe et par la porte du pavillon de l'Horloge, dans le jardin, où le maréchal, quittant à la hâte l'état-major général, vint les rejoindre. Aussitôt il rappela les bataillons chargés le matin de la défense de la Banque et du Palais-Royal, ainsi que les détachements postés dans les maisons du coin de la rue Saint-Honoré et des rues de Rohan et de l'Échelle, afin de tenir la communication ouverte entre les Tuileries et les postes les plus avancés. Le sang coula à flots dans ce carrefour ; le peuple exaspéré massacra les gardes sans pitié. Lorsque les bataillons eurent rejoint le maréchal, il commença sa retraite vers Saint-Cloud, tenant en respect, par quelques coups de canon, le peuple qui, après avoir envahi les appartements des Tuileries, se précipitait dans le jardin. Il se replia sur les bataillons et la cavalerie qui occupaient la place de la Concorde (Louis XV), et dirigea ensuite toutes les forces qui lui restaient en deux colonnes vers le bois de Boulogne, non sans être harcelé par les Parisiens, dont les feux le suivirent encore pendant quelque temps. A la porte du village de ce nom, ces deux colonnes rencontrèrent le Dauphin et se formèrent en bataille pour le recevoir. « On crut, dit M. Lesur (p. 165), que le prince allait à Paris et qu'il voulait haranguer les troupes ; mais après avoir parcouru rapidement, et dans un silence morne, le front des bataillons et des escadrons, il rentra à Saint-Cloud, et les troupes consternées continuèrent leur route sur le même point. »

Après leur départ, le peuple, s'étant encore emparé de l'École Militaire au Champ-de-Mars et de la caserne de Babylone, qui n'était gardée que par un faible dépôt de Suisses, resta maître de tout Paris. Son triomphe fut complet. Sans doute, il pouvait s'attendre à une nouvelle attaque lorsque les renforts qu'on dirigeait de toutes parts sur Paris seraient arrivés : aussi ne déserta-t-il pas la garde des barricades ; mais pour le moment, il n'avait plus d'ennemi à combattre, et la sympathie des populations environnantes se communiquait aux départements, où les grandes villes d'ailleurs, et à leur tête Rouen, n'hésitèrent pas à embrasser le mouvement.

La victoire, toutefois, avait bien aussi ses dangers : il était essentiel de préserver la multitude des suites fâcheuses que pouvait avoir son enivrement. A Paris, il n'y avait plus de gouvernement ; mais il y avait un noble enthousiasme qui repoussait l'égoïsme et imposait silence aux mauvaises passions. Les malfaiteurs eux-mêmes, confondus avec le peuple, étaient contenus par les sentiments élevés qui animaient les vainqueurs. On ne commit point d'excès ; c'est pour la loi, et contre ceux qui la violaient, qu'on avait combattu aux cris de *vive la Charte !* on ne souilla une cause si belle ni par d'inutiles cruautés, ni par d'ignobles ravages, ni par de criminelles atteintes à la propriété d'autrui. Mais les masses étaient déchaînées : l'anarchie ne pouvait tarder de produire ses fruits habituels ; déjà mille opinions diverses se faisaient jour. Le besoin d'avoir des chefs devenait encore plus pressant après la victoire qu'auparavant.

Elle était à peu près décidée, lorsque les députés prirent enfin un parti. Ils arrêtèrent que le général La Fayette irait s'installer à l'Hôtel-de-Ville avec une *commission municipale* qui formerait une espèce de gouvernement provisoire ; mais sans la prétention de l'imposer à la France entière. Pour en nommer les membres, on procéda au scrutin, et la majorité des voix désigna MM. Laffitte, C. Périer, Gérard, Lobau et Odier. Ce dernier n'accepta pas ; M. Laffitte, empêché par son entorse, ne put se rendre au poste indiqué ; le général Gérard était pressé de se montrer aux troupes, dont il prenait le commandement. Pour ménager le temps, on remplaça ces trois membres par MM. Mauguin, le baron de Schonen, Audry de Puyraveau, qui, après les cinq premiers députés nommés, avaient eu le plus de voix. La commission s'adjoignit en outre M. Odillon-Barrot en qualité de secrétaire, et accepta les services de MM. Bavoux et Chardel, députés, dont le premier prit possession de la préfecture de police, tandis que le second se chargea de l'administration des postes.

A peine arrivé à l'Hôtel-de-Ville, La Fayette déclare que « la garde nationale parisienne est rétablie ; » il lui adresse un ordre du jour pour annoncer que, fort de l'approbation de ses honorables collègues réunis à Paris, il a accepté ses nouveaux devoirs avec dévouement et avec joie. Cet ordre se terminait par ces mots : « La liberté triomphera, ou nous périrons ensemble ! » Des cris de joie accueillirent cette proclamation du vétéran : la garde nationale répondit à l'appel, et tous les citoyens, répandus dans les rues, ornèrent leur boutonnière de rubans tricolores, en même temps que le drapeau national fut arboré sur les monuments publics.

Ainsi la royauté de Charles X était fortement menacée : contre des faits aussi significatifs les illusions ne pouvaient plus tenir. D'ailleurs, dans la journée même du jeudi, avant le retour de ses gardes battues et décimées, le roi avait reçu d'énergiques avertissements. Le vieux marquis de Sémonville, grand-référendaire de la Chambre des pairs, après avoir vainement essayé d'interposer l'autorité de cette assemblée par l'organe de ses membres, trop peu nombreux, qui se trouvaient à Paris, se concerta avec M. le comte d'Argout, son collègue, et, dans

l'espoir d'arriver encore à une conciliation, ils se rendirent ensemble chez le duc de Raguse. Las du rôle qu'il jouait et inquiet sur les résultats, celui-ci les accueillit avec empressement, et se hâta de les mettre en présence du prince de Polignac. Évitant avec lui les détours, ils le sommèrent de révoquer sans retard les ordonnances, ou, si cela ne dépendait pas de lui, de déclarer dissous le ministère dont il était chef, mesure qui, en ce moment, pouvait encore prévenir les dernières extrémités. Le président du conseil cacha mal son embarras sous les formes d'une politesse étudiée : il fit avertir ses collègues. En présence du conseil réuni, les interpellations des deux pairs devinrent de plus en plus pressantes. Mais les conseillers de la couronne paraissaient dominés par une volonté supérieure contre laquelle ils ne pouvaient rien, et à laquelle il était visible qu'ils ne se flattaient pas de faire changer de détermination. Sous prétexte qu'ils avaient besoin de délibérer entre eux sur ce qu'ils venaient d'entendre, ils se retirèrent ; mais les deux pairs, voyant se perdre un temps précieux, conjurèrent le maréchal d'agir sans les ministres, et de sauver le roi en dépit de lui et d'eux ; ils allèrent jusqu'à proposer au duc de faire arrêter le conseil, afin d'en venir plus vite à une pacification. Le vieux guerrier, couvert de blessures qu'il avait reçues au service de la patrie, fut ému ; mais il ne put se décider à un acte d'énergie, et se contenta d'écrire en présence des deux pairs au roi, qu'ils devaient solliciter de leur côté. Il mit une voiture à leur disposition pour les transporter à Saint-Cloud.

Malgré la hâte qu'ils firent, ils furent prévenus par les ministres : aussi le marquis de Sémonville ne fut-il pas admis tout de suite auprès du roi ; on lui opposa l'étiquette qu'il n'était pas possible, disait-on, d'enfreindre. Introduit à la fin après une longue attente, il put se convaincre par l'entretien qu'il eut avec Charles X, que c'était bien la volonté royale qui formait le principal obstacle aux concessions qu'il s'agissait d'obtenir. Cependant le monarque se laissa fléchir : il congédia le grand-référendaire en disant d'une voix faible et très émue : « Je vais dire à mon fils d'écrire et d'assembler le conseil. »

La révocation des ordonnances du 25 et le changement de ministère furent décidés. Mais au lieu de désigner aussi tout de suite de nouveaux ministres, le roi nomma seulement M. le duc de Mortemart président du conseil, chargeant les pairs d'annoncer cette nouvelle à l'Hôtel-de-Ville. Ils s'y rendirent le soir même, accompagnés de M. de Vitrolles ; mais n'apportant point d'ordonnances, ils firent peu d'impression. Déjà le moment favorable aux négociations semblait passé; déjà les mots *Il est trop tard!* se faisaient entendre. Cependant, comme il était de la prudence de ménager encore un parti à qui le désespoir pouvait révéler ses forces[*], on répondit qu'on était prêt à recevoir M. de Mortemart et qu'on prendrait une résolution après qu'on l'aurait entendu.

Ainsi se termina la journée du jeudi 29 juillet, le dernier de cette lutte acharnée de trois jours, que les chaleurs de la canicule contribuaient encore à échauffer. On avait près de 800 morts à enterrer et plus de 3,000 blessés étaient recueillis dans les hôpitaux.

Ce furent là les premiers soins qu'on eut à prendre dans la matinée du vendredi (30 juillet), après avoir vu s'écouler paisiblement une nuit sur laquelle on n'était pas sans appréhensions. En effet, 40 pièces d'artillerie étaient sorties de Vincennes; un régiment suisse était attendu d'Orléans; les gardes-du-corps, réunis à la garde royale, avaient rallié en outre à Saint-Cloud quelques bataillons de la ligne et les débris de la gendarmerie; l'école militaire de Saint-Cyr y était arrivée en masse, et les régiments du camp de Saint-Omer, fort de 26,000 hommes avec 36 canons, ainsi que ceux du camp de Lunéville, approchaient de Paris. Tout était à craindre de l'obstination du vieux roi : aussi ne cessa-t-on, toute la nuit, de travailler aux barricades, de les affermir, d'en élever de nouvelles, de les inspecter et de veiller à leur bonne garde. Mais heureusement ces précautions furent inutiles : vaincu par les circonstances, Charles X était prêt à céder ; sa sécurité se changea

en résignation. On put donc s'occuper à Paris de l'enterrement des morts, des secours à donner aux blessés, des subsistances qu'il devenait urgent d'assurer à tous, et particulièrement aux combattants, des consolations à offrir aux enfants restés orphelins, aux veuves dont les maris avaient péri dans la mêlée, puis enfin du soin de relever l'autorité publique et de préserver de toute confusion les rouages du gouvernement.

Dans ce but, la commission municipale se hâta de confier le Trésor public à la garde éclairée du baron Louis (*voy.*), en même temps qu'elle nomma, mais à titre provisoire seulement, un préfet de la Seine, un préfet de police et un directeur général des postes. Elle fit part à la capitale de ces nominations par une proclamation, destinée surtout à annoncer sa propre prise de possession ; elle invita les citoyens à rouvrir leurs boutiques, leurs habitations, à illuminer, la nuit, le devant de leurs maisons, et à vaquer comme à l'ordinaire à leurs travaux ; elle fit un appel aux officiers de l'ancienne armée; elle mit sous la sauvegarde des bons citoyens le Musée, le Jardin des Plantes et tous les établissements publics, et fit placer au Trésor, à la Banque de France, à la Halle et aux grands magasins d'approvisionnements des postes nombreux de garde nationale.

M. le duc de Mortemart, renfermé dans le palais du Luxembourg, où il était en délibération avec plusieurs pairs de France, ses collègues, ne se présenta pas lui-même à l'Hôtel-de-Ville ; mais le comte de Sussy se chargea d'y aller de sa part, muni des ordonnances que Charles X s'était résigné à signer. L'une portait révocation des ordonnances du 25 juillet, une autre convoquait les Chambres pour le 3 août, et une troisième nommait un nouveau ministère dont le général Gérard et Casimir Périer devaient faire partie sous la présidence du noble duc. Les cris de « Plus de transactions! » accueillirent ces ouvertures tardives qu'on renvoya cependant à la réunion des députés, chez M. Laffitte, laquelle, depuis dix heures du matin, cherchait à se mettre d'accord sur ce qu'il y avait à faire pour retourner à un ordre légal.

C'est dans cette réunion que le nom du duc d'Orléans (*voy.* Louis-Philippe) fut alors prononcé. Uni à ce premier prince du sang par des relations intimes, M. Laffitte lui-même jeta ce nom dans la discussion, et M. Dupin aîné, l'un des conseils du prince, appuya chaudement cette idée. Des objections s'élevèrent, mais en général elle fut accueillie avec faveur. On proposa de déférer au duc d'Orléans la lieutenance-générale du royaume, et, pour donner à la délibération un caractère plus officiel et plus imposant, on résolut de tenir séance au palais de la Chambre des députés où l'on s'ajourna pour deux heures. M. Dupin profita de l'intervalle pour se rendre à Neuilly, accompagné de M. Persil (*voy.*) et de plusieurs officiers généraux. Cette terre n'est pas plus éloignée de Saint-Cloud que de Paris. Le prince n'avait eu de communication ni avec l'un ni avec l'autre de ces deux points; mais, averti par la popularité dont son parent jouissait depuis longtemps, le roi, s'il en avait reçu le conseil, aurait pu vouloir s'assurer de sa personne, afin de couper court à tous mauvais desseins. Charles X ne paraît pas y avoir songé, car on ne reçut point de ses nouvelles à Neuilly.

MM. Dupin et Persil trouvèrent le duc d'Orléans dans une vive inquiétude. Ce fut par eux, dans le bosquet où un modeste monument rappelle cette entrevue, qu'il connut les dispositions des députés à son égard; et ils l'engagèrent à déférer au vœu qui lui serait manifesté.

A une heure, les députés se réunirent au palais de la Chambre, sous la présidence de M. Laffitte, mais en comité secret. Le grand objet à l'ordre du jour étaient les préliminaires de la nomination d'un lieutenant-général du royaume. Cependant l'on écouta M. de Sussy lorsqu'il vint apporter les ordonnances de Charles X, et le duc de Mortemart s'étant ensuite rendu lui-même dans l'un des bureaux de la Chambre, on consentit aussi à nommer une commission pour l'entendre. Mais les démarches du nouveau président du conseil, appuyées par les membres de la Chambre des pairs présents à Paris, n'eurent aucun effet favorable à la cause de Charles X; pour toute réponse, les députés, après avoir entendu le rapport de M. Dupin, rédigèrent un acte par lequel ils appelèrent le duc d'Orléans à venir exercer les fonctions de lieutenant-général du royaume, acte qui fut signé, séance tenante, par la plupart des membres présents, pour être immédiatement porté au prince par une députation à laquelle on donna pour chef le général Sébastiani.

Lorsque la députation arriva au Palais-Royal, à huit heures du soir, le duc d'Orléans n'était pas encore à Paris : elle lui écrivit pour l'inviter à hâter son arrivée.

En attendant, la résolution du parlement improvisé fut imprimée, répandue, affichée, et elle donna lieu à une assez vive polémique qui se produisit principalement dans des placards aux coins des rues. En même temps parut le manifeste des journaux, également favorable au prince. M. Thiers, qui jusqu'alors n'avait guère eu de rapports avec la famille d'Orléans, l'avait rédigé de concert avec M. Mignet pour le *National.* Il parut dans ce journal, ainsi que dans le *Courrier français* et le *Journal du Commerce.* Cet article où l'on présentait la nomination du duc d'Orléans, « qui tiendra sa couronne du peuple français, » comme le seul moyen d'éviter la guerre civile et de se brouiller avec l'Europe, fit une grande sensation et facilita l'espèce de compromis que l'on méditait.

Le samedi, 31 juillet, la députation retourna au Palais-Royal. Arrivé la veille à onze heures du soir, le prince y avait passé la nuit en délibération, et, dès six heures du matin, il avait fait appeler M. Dupin, afin de le mettre dans la confidence de ses résolutions. Lorsqu'il eut entendu le message de la Chambre, il répondit par des paroles qui, pour nous servir des expressions du général Sébastiani, président de la députation, « respiraient l'amour de l'ordre et des lois, le désir ardent d'éviter à la France les fléaux de la guerre civile et de la guerre étrangère, la ferme intention d'assurer les libertés du pays, et, comme S. A. l'a dit elle-même, dans une proclamation si pleine de netteté et de franchise, la volonté de faire enfin une vérité de cette Charte qui ne fut trop longtemps qu'un mensonge. »

En effet, le duc d'Orléans avait dicté

dès le matin une proclamation aux habitants de Paris qu'il remit aux députés et qui finissait par ces mots : « La Charte sera désormais une vérité! » Il y déclarait qu'il n'avait pas balancé à partager les dangers de la population, et il annonçait « qu'en rentrant dans la ville de Paris, il portait avec orgueil les couleurs glorieuses que les citoyens avaient reprises et qu'il avait lui-même longtemps portées. »

C'était embrasser ouvertement les intérêts de la révolution désormais consommée. Dès la veille, pour rassurer, disait-on, les esprits que des bruits de négociations entamées alarmaient et qui s'indignaient à la pensée d'une régence et d'un enfant sur le trône, la commission municipale avait aussi fait une proclamation * en tête de laquelle elle disait aux habitants de Paris : « Charles X a cessé de régner sur la France! » Mais on pouvait craindre que l'anarchie ne se plaçât sur son trône vacant, si ces paroles d'un prince né à peu de distance de ce trône n'avaient fait pressentir en même temps l'aurore d'un nouveau règne.

Dans tous les cas, il n'y avait plus à hésiter. Les députés le comprirent parfaitement : aussi appuyèrent-ils à l'unanimité leur président, lorsqu'il insista sur la nécessité d'un acte émané d'eux qui éclairât la nation sur ce qui venait de se passer et sur ce que les députés avaient cru devoir faire dans l'intérêt de la chose publique. Cet acte reçut la forme d'une proclamation adressée au peuple français. On en confia la rédaction à MM. Guizot, Villemain, Benjamin Constant et Bérard, que M. Laffitte, en montant au fauteuil, avait désignés pour secrétaires;

(*) Elle était, assure-t-on, l'œuvre de M. Barthe (*voy.*), qui, de même que MM. Odillon-Barrot, Mérilhou, Baude, Le Comte, Isambert, etc., assistait aux séances de la commission municipale sans en être membre. C. Périer n'approuva pas cette proclamation et retira son nom qu'on avait mis, en son absence, parmi les signatures. « Cette proclamation, disait-il, n'est pas un acte de gouvernement : nous n'avons pas à nous mêler de la déchéance. » Dans l'opinion de ce député et de plusieurs autres, parmi lesquels il faut nommer surtout MM. Dupin et Guizot, l'autorité de la commission établie à l'Hôtel-de-Ville n'était pas une commission de gouvernement, comme le voulaient M. Mauguin et ses partisans, mais simplement une commission municipale, et encore provisoire.

mais le véritable auteur en fut M. Guizot. « La France est libre, déclarait-on. Le « pouvoir absolu levait son drapeau : l'hé- « roïque population de Paris l'a abattu... « Plus de crainte pour les droits acquis ! « Plus de barrière entre nous et les droits « qui nous manquent encore! » On annonçait ensuite la nomination du duc d'Orléans aux fonctions de lieutenant-général du royaume, laquelle, aux yeux des députés, était « le plus sûr moyen d'accomplir promptement par la paix le succès de la plus légitime défense; » enfin l'on promettait « d'assurer par des lois toutes les garanties nécessaires pour rendre la liberté forte et durable, » et l'on énumérait ces garanties. La délibération fut signée, séance tenante, par la grande majorité des membres présents; mais, dans le *Moniteur*, on imprima au bas les noms de tous, au nombre de 94, en marquant seulement par cette formule : *étaient présents les députés dont les noms suivent*, qu'il n'y avait pas eu toutefois unanimité sur la forme à donner à l'acte, ni sur les termes de la rédaction. Votée d'enthousiasme, la proclamation fut aussitôt répandue et portée au lieutenant-général du royaume. L'assemblée en corps, précédée de ses huissiers parés des couleurs nationales, ayant à sa tête ses trois premiers vice-présidents * se rendit au Palais-Royal, aux acclamations de tous les citoyens.

Le chef provisoire de l'état, lorsqu'il se vit entouré des représentants de la nation, dont les applaudissements du peuple au dehors renouvelaient, en quelque sorte, le mandat, répondit avec effusion; et pour rendre hommage à l'autorité qui avait devancé la sienne, peut-être aussi pour la décharger du pouvoir en le recevant de ses mains, il invita l'assemblée à se transporter avec lui à l'Hôtel-de-Ville, siége du gouvernement provisoire. La population entière leur servit de cortége : l'air retentit des *vivat* répétés en l'honneur des députés, du général La Fayette et surtout du duc d'Orléans qui, seul à cheval, sans gardes, sans suite, dominait les flots du peuple, et se voyait entouré, pressé par les combattants des trois jours, dont les bras nerveux assuraient sa mar-

(*) Dupin, *Révolution de Juillet* 1830, p. 15.

che et formaient une haie pour faciliter celle des députés à travers les barricades et les rangs serrés de la multitude.

La commission municipale et le général La Fayette, suivi de son état-major et de ces jeunes élèves de l'École Polytechnique qui, depuis deux jours, ne quittaient plus sa personne que pour exécuter ses ordres, allèrent au-devant du prince. Celui-ci, après avoir pénétré jusqu'à eux à travers mille obstacles, embrassa cordialement le vétéran de la révolution, monta dans la grande salle de l'Hôtel, appuyé sur son bras, entendit là une nouvelle lecture de la proclamation, y répondit avec effusion et force, puis se montra au peuple à la fenêtre, tenant d'une main le drapeau tricolore et serrant de l'autre la main de La Fayette pour lequel il exprimait une vive sympathie. Le peuple répondit à ses saluts par de bruyantes démonstrations de joie et de confiance.

Nous passons sous silence ce qui a été dit et mille fois répété au sujet d'un *programme* de l'Hôtel-de-Ville, l'histoire n'ayant pas à s'occuper de conversations particulières qui n'ont pu engager personne*.

Ainsi, la prise de possession était complète le 31 juillet; et le lendemain (dimanche, 1er août), le lieutenant-général composa son ministère (*voy.* GÉRARD, GUIZOT, DUPONT de l'Eure, LOUIS), ordonna la reprise de la cocarde tricolore et convoqua les deux Chambres pour le 3 août. Les départements suivirent le mouvement de Paris, et de toutes parts arrivèrent les adhésions.

Charles X était encore à Saint-Cloud le 31; mais déjà sa cour diminuait sensiblement, et l'attitude des troupes même qui restaient encore fidèles était peu rassurante. Ce n'était pas assez pour elles d'être décimées dans une guerre fratricide : elles étaient aussi mal nourries, mal abritées, et l'argent manquait. De plus, leur commandant général, le Dauphin, se brouilla avec le maréchal Marmont, au point qu'il le mit aux arrêts. Dans la crainte d'une attaque des Parisiens et pour s'assurer des subsistances, le roi quitta Saint-Cloud dans la nuit même

(*) *Voir* Pepin, *Deux ans de règne*, p. 108, et Lesur, *Annuaire de* 1830, p. 183.

du 31 juillet, se dirigeant sur Trianon, d'où il continua sa retraite, protégée par les gardes-du-corps, jusqu'à Rambouillet. Les ministres, les chefs de sa maison militaire, la famille royale, l'accompagnaient, et Mme la Dauphine, qui s'était rendue aux eaux de Vichy, vint le rejoindre le lendemain matin, 1er août, non sans avoir couru en route de grands périls. On tint conseil. Il était impossible de se faire illusion plus longtemps : on reconnaissait que la couronne de Charles X était fortement compromise, mais on se flattait encore de la faire passer sur la tête de son petit-fils, étranger, par sa jeunesse, aux luttes envenimées des partis. Ce qu'il y avait de plus urgent, c'était de reconnaître le lieutenant-général du royaume; on voulut avoir l'air de le nommer. L'ordonnance fut envoyée dans la soirée au duc d'Orléans; elle fut bientôt suivie d'une lettre de Charles X, portant abdication, en son nom et au nom du Dauphin, au bénéfice du duc de Bordeaux. Nous avons transcrit cette lettre à l'article Charles X (T. V, p. 490). Le duc d'Orléans, de sa propre main et dans la même nuit, accusa réception des deux actes, répondant d'ailleurs qu'il était lieutenant-général par le choix de la Chambre des députés.

Cette dernière tentative échoua donc, et bientôt la famille royale n'était plus en sûreté dans un asile où elle avait cru trouver plus de ressources. Le 3 août, La Fayette, pour dissiper une force armée qui menaçait encore Paris et y entretenait l'irritation, dirigea sur Rambouillet les volontaires qu'il avait pris à la solde du gouvernement. Les mairies reçurent l'ordre d'envoyer chacune 500 hommes de garde nationale. Des bandes innombrables d'hommes du peuple s'y joignirent, et, pour transporter cette multitude, on mit en réquisition toutes les voitures qu'on put trouver : cabriolets, fiacres, diligences, omnibus, etc. Le général Pajol commanda cette singulière expédition. Indépendamment des diamants de la couronne qu'il s'agissait de recouvrer, elle avait pour but de jeter la frayeur dans la petite cour de Charles X et de le déterminer, lui-même, à partir, sans occasionner de nouveau une inutile effusion de sang. Dans son désir d'accorder ses devoirs comme chef de l'état avec tout ce qu'il devait aux liens de la parenté, ainsi qu'au malheur, le duc d'Orléans chargea en même temps trois commissaires, le maréchal Maison, MM. de Schonen et Odillon-Barrot, de se rendre auprès du vieux roi et d'employer les moyens de persuasion les plus propres à le décider au dernier sacrifice qu'on exigeait de lui, l'exil, plus douloureux pour sa vieillesse qu'il n'avait été pour son âge mûr, quarante ans auparavant. Ce résultat ne fut pas obtenu sans peine ; mais, le 3 au soir, l'infortuné monarque partit pour Cherbourg, accompagné des commissaires royaux ; ce ne fut que le 16 qu'il s'embarqua pour l'Angleterre, comme il a été dit à l'art. Charles X. On sait qu'il mourut sur la terre étrangère, le 6 novembre 1836.

Il n'était pas encore embarqué, que déjà la France avait fait choix d'un autre souverain. L'ouverture de la session législative eut lieu le 3 août : pour la première fois, les deux Chambres se réunirent à cet effet dans le palais de celle des députés. Environ soixante pairs seulement assistèrent à cette séance solennelle ; mais il y eut près de deux-cent-quarante députés. Le trône resta vacant ; un pliant à côté désignait la place du lieutenant général du royaume. Dans un discours délibéré en conseil, le prince indiqua les améliorations qui paraissaient nécessaires « pour assurer à jamais le pouvoir de cette Charte dont le nom, invoqué pendant le combat, l'était encore après la victoire. » Chacune des deux assemblées se constitua ensuite séparément. Les députés, conservant l'initiative qu'ils avaient prise, s'occupèrent immédiatement du soin de donner une sanction légale à la révolution qui venait de s'opérer, d'introduire dans la Charte de 1814 (*voy.* T. V, p. 560) les modifications regardées comme indispensables et d'en assurer l'observation en fondant la royauté sur de nouvelles bases. Le 7 août, les propositions de M. Bérard passèrent presque à l'unanimité : quand elles furent mises aux voix, un seul député, et ce ne fut pas M. de Cormenin (*voy.*), déclara qu'il n'avait point reçu de mandat de ses concitoyens pour voter sur des mesures de la nature de celles qui occupaient la Chambre. Les déclarations adoptées par elle furent portées à la Chambre des pairs qui y donna immédiatement son adhésion. Moyennant l'acceptation de la Charte modifiée, dite la Charte de 1830, vrai pacte d'alliance entre le peuple français et le chef de l'état, Louis-Philippe d'Orléans devait être appelé au trône sous le titre de *roi des Français*, et sa descendance mâle après lui ; car on déclara que le trône était vacant en fait et en droit, et qu'il était indispensable d'y pourvoir. Dans la séance royale qui eut lieu le 9 août, le lieutenant-général accepta *sans restriction ni réserve* la déclaration de la Chambre des députés, et prêta ensuite serment d'observer fidèlement la nouvelle Charte constitutionnelle « et d'agir en toutes choses dans la seule vue de l'intérêt, du bonheur et de la gloire du peuple français. » Alors, il prit place sur le trône, et depuis il a tenu le sceptre d'une main ferme, montrant, au milieu d'une lutte longue et acharnée, une haute sagesse, un mâle courage et une persévérance que rien n'a pu lasser.

Nous reprendrons le récit des faits à l'art. Louis-Philippe ; mais il en est un que nous ne devons pas passer sous silence ici, parce qu'il contribua puissamment à consolider le nouvel établissement royal et à faire accepter au dehors la révolution de Juillet, d'abord vue avec défiance et qui souleva même contre elle les plus vives antipathies. Un instant, elle avait semblé dirigée contre les traités existants : Louis-Philippe se hâta de donner aux puissances des assurances de paix, et, lorsqu'au bout de quelques jours l'Angleterre, devançant toutes les autres, l'eut reconnu dans sa nouvelle qualité de roi des Français, il nomma son ambassadeur à Londres le prince de Talleyrand, qui, ayant représenté la France au congrès de Vienne, avait attaché son nom aux traités de 1814 et 1815.

A l'intérieur, l'adhésion fut complète et générale. La Fayette, lui-même, dans sa loyauté inébranlable, l'a attesté à la tribune de la Chambre des députés, dans la séance du 6 octobre 1831. Il avait eu l'idée, disait-il, de réunir une assemblée constituante, comme d'autres auraient voulu consulter les assemblées primaires : la rapide succession des événements ne l'a pas permis. Mais, ajoutait-il, il n'est pas douteux que la nation n'ait sanctionné ce qui a été fait : des adresses d'adhésion et de félicitation, envoyées ou apportées de tous les points du royaume, en sont une preuve non équivoque, et dont lui-même a été journellement témoin.

L'assentiment de la France, alors presque unanime, car les dissidences ne viennent qu'après la crise passée, a donc sanctionné ce qu'avaient fait, en son nom, avec des pouvoirs sans doute incomplets, mais en prenant mission de la nécessité, un petit nombre de députés, que les lettres closes de Charles X avaient, en par-tie, fait accourir à leur poste. L'abîme des révolutions se referma; puisse la sagesse publique, une juste pondération des pouvoirs et une sollicitude incessante de leur part pour les intérêts des classes déshéritées de la fortune, l'empêcher à jamais de se rouvrir ! *

(*) Nous avons cité, au bas des colonnes, les principaux ouvrages à consulter sur le grave événement dont nous avons essayé d'esquisser l'histoire avec plus d'exactitude qu'on n'avait fait jusqu'à ce jour. Qu'il nous soit aussi permis de rappeler ici un premier tableau que nous en avions tracé dès le mois d'août 1830, et bien à la hâte, pour des lecteurs allemands, sous ce titre : *Ausführlicher Bericht eines Augenzeugen über die letzten Auftritte der franz. Revolution*, etc., Stuttgart et Tüb., 1830, chez Cotta.